AF848204

ENGLISH • SPANISH

Fun With Words & Pictures

high
alto

helicopter
el helicóptero

low
bajo

football
el fútbol

cake
la tarta

Diversión con Palabras y Dibujos

INGLÉS • ESPAÑOL

Compiled by Colin Clark
Illustrations by Terry Burton

Brown Watson
ENGLAND

Contents / *Contenido*

This edition first published in 2002 by
Brown Watson
The Old Mill, 76 Fleckney Road,
Kibworth Beauchamp, Leics LE8 0HG

ISBN: 0-7907-1533-1

© 2002 Brown Watson, England

Printed in the E.C.

Opposites / *Los Contrarios*

fat
gordo

thin
delgado

dirty
sucio

clean
limpio

wet
mojado

dry
seco

sad
triste

happy
contento

big
grande

small
pequeño

tidy
curioso

untidy
mal curioso

good
bueno

bad
malo

fast
rapido

slow
despacio

Wild Animals / *Los Animales Salvajes*

hippopotamus (hippo)
el hipopótamo

panda
el oso panda

elephant
el elefante

kangaroo
el canguro

koala
el koala

dolphin
el delfín

parrot
el loro

giraffe
la jirafa

gorilla
el gorila

peacock
el pavo real

walrus
el morsa

wolf
el lobo

lizard
la lagartija

hedgehog
el erizo

lion
el león

leopard
el leopardo

swan
el cisne

rhinoceros (rhino)
el rinoceronte

crocodile
el cocodrilo

zebra
la cebra

platypus
el ornitorrinco

whale
la ballena

shark
el tiburón

octopus
el pulpo

bat
el murciélago

camel
el camello

owl
el búho

monkey
el mono

polar bear
el oso polar

tiger
el tigre

reindeer
el reno

badger
el tejón

seal
la foca

cobra (a snake)
la cobra (una culebra)

People at Work / *Los Trabajos*

pilot
el pilota

cook
el cocinero

firefighter
el bombero

soldier
el soldado

mechanic
el mecánico

gardener
el jardinero

bus driver
el conductor del autobús

teacher
la profesora

baker
el panadero

builder
el obrero

plumber
el fontanero

shop-assistant
la vendedora

TV presenter
el presentador

vet
el veterinario

photographer
el fotógrafo

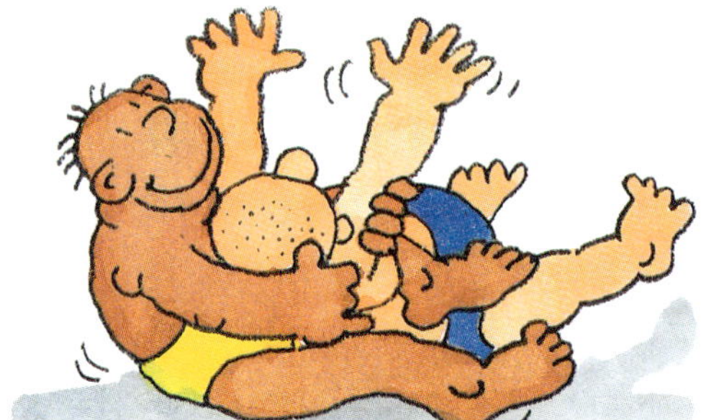

wrestler
el luchador

cowboy
el vaquero

window-cleaner
el limpiador de ventanas

postman
el cartero

model
el modelo

dancer
la bailadora

musician
el músico

police officer
el policía

sailor
el embarcado

air stewardess
la azafata

electrician
el electricista

hairdresser
la peluquera

banker
el bancario

waiter
el camarero

miner
el minero

judge
el juez

clown
el payaso

opera singer
el cantador de ópera

At the Doctor / *En el Medico*

bottle of medicine
la botella de medecina

torch
la linterna de bolsillo

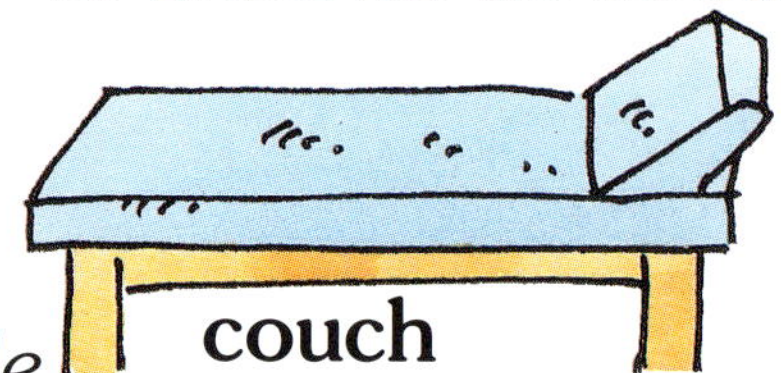

couch
la camilla

syringe
la siringa

stethoscope
el estetoscopio

doctor
el medico

receptionist
la recepcionista

prescription
la receta médica

medical books
los libros sobre la medicina

bottle of pills
el frasco de pastillas

height gauge
el instrumento para tomar la altura

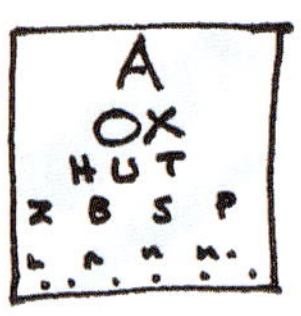

eye chart
el cuadro para examinar la vista

bandage
la venda

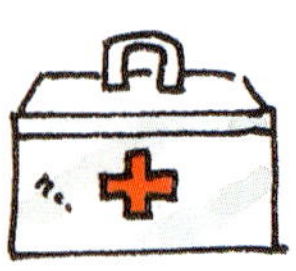

first-aid kit
la caja de primeros auxilios

measuring beaker
la jara para medir líquidos

scales
la pesa

At the Dentist / *En el Dentista*

dentist
el dentista

dental nurse
la asistenta del dentista

mouthwash
el enjuague

dentist's chair
la silla del dentista

gown
el mandilón

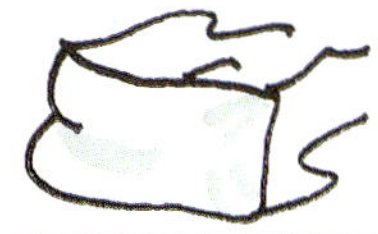

mask
la mascara

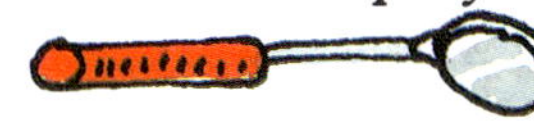

mirror
el espejo

false teeth
los dientes postizos

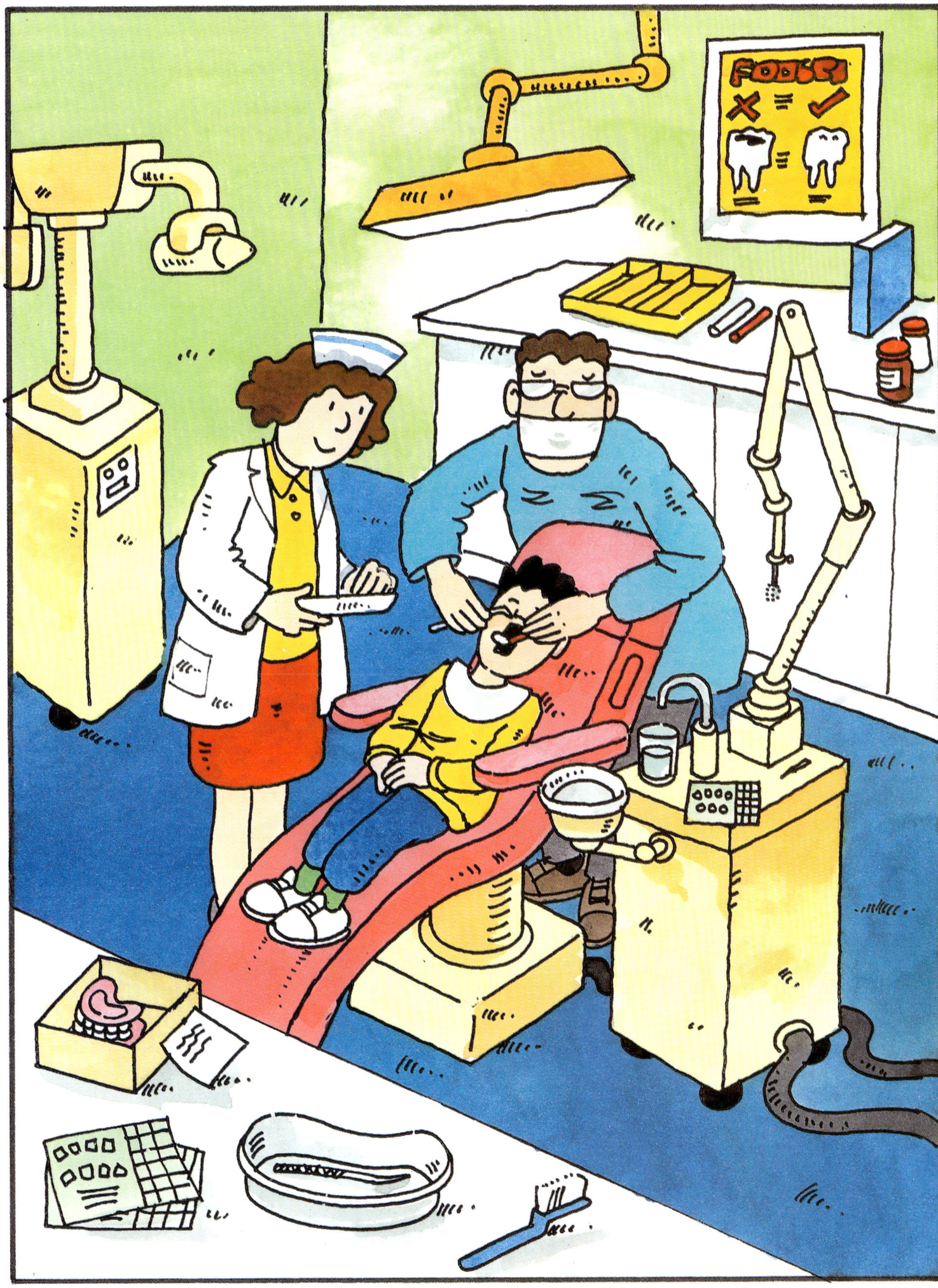

bowl
la pileta

record chart
a carta de información

x-ray machine
la maquina de rayos-x

filling chart
la carta de empastes

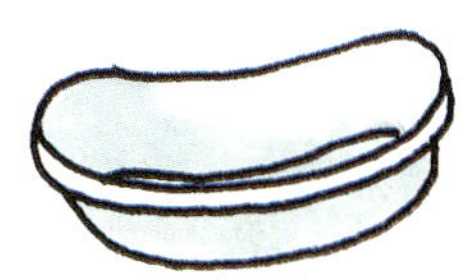

instrument dish
el plato de instrumentos

toothbrush
el cepillo de los dientes

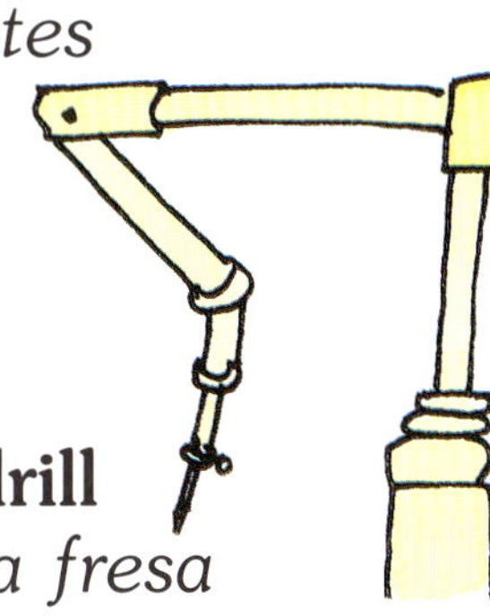

drill
la fresa

Games and Sports / *Los Juegos y los Deportes*

diving-board
el trampolín

darts
las flechas

football
el fútbol

tennis
el tenis

ice-skating
el patinaje

diving
el salto

baseball
el baseball

skiing
el ski

judo
el judo

golf
el golf

cycling
el ciclismo

American football
el fútbol americano

table tennis
el tenis de mesa

rowing
la rema

marbles
jugar a las canicas

archery
el tiro al arco
swimming
la natación
target
el blanco
chess
el ajedrez
ice hockey
el hockey sobre hielo
cards
jugar a las cartas
computer game
el juego sobre el ordenador
rugby
el rugby
sailing
el balandrismo
snooker
las billardas
cricket
el cricket
dressing-up
desfrazarse
gymnastics
la gimnástica
running
correr
tug of war
el juego de la cuerda
riding a horse
la equitación

Partytime / *La Fiesta*

yo-yo
el yo-yo

sparklers
las bengalas

robot
el robot

thank-you kiss
el beso para dar las gracias

jam doughnuts
los buñuelos con mermelada

fizzy drinks
las bebidas con gas

birthday cards
las postales de cumpleaños

sticky toffees
los caramelos pegajosos

balloons
los globos

sandwich
el bocadillo

candles
las velas

cake
la tarta

drinking straws
las pajas

paper hat
la corona de papel

cracker
la sorpresa

cloak
la capa

hat
el sombrero

magician
el mágico

invitation
la invitación

jack-in-the-box
la caja sorpresa

paper chain
la cadena de papel

jelly
la jalea

nervous cat
el gato nervioso

xylophone
el xilófono

name tags
las etiquetas

tablecloth
el mantel

presents
los regalos

In Storybooks / *En los Libros de Cuentos*

witch
la bruja

broomstick
la escoba

wizard
el hechicero

wand
la varita magica

flying carpet
la alfombra volante

pirate
el pirata

buried treasure
el tesoro enterado

flying horse
el caballo volante

fairy
la hada

prince
el príncipe

wishing well
el pozo de deseos

palace
el palacio

king
el rey

seven dwarfs
los siete enanitos

Words in Action / *Algunos Verbos de Acción*

a writer writing
el escritor escribiendo

a painter painting
el pintor pintando

standing up
ponerse de pie

lying down
acostarse

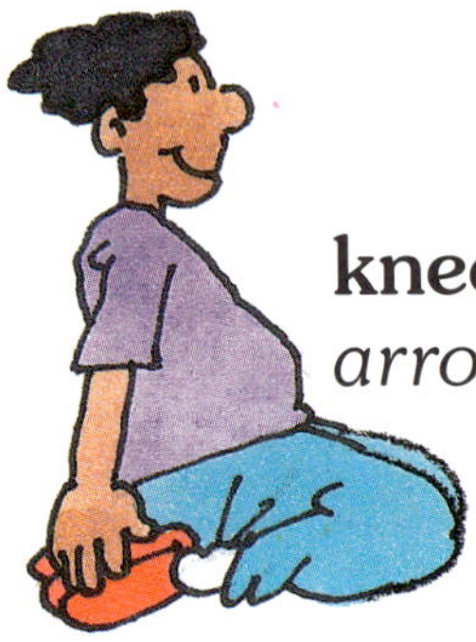

kneeling
arrodillarse

hiding
esconderse

laughing
reírse

sneezing
estornudar

watching T.V.
mirar la televison

brushing the dog
peinar al pero

throwing
lanzar

hurrying
apurándose

digging a hole
cavando un agujero

chopping wood
cortar madera

sewing
cosiendo

making
haciendo

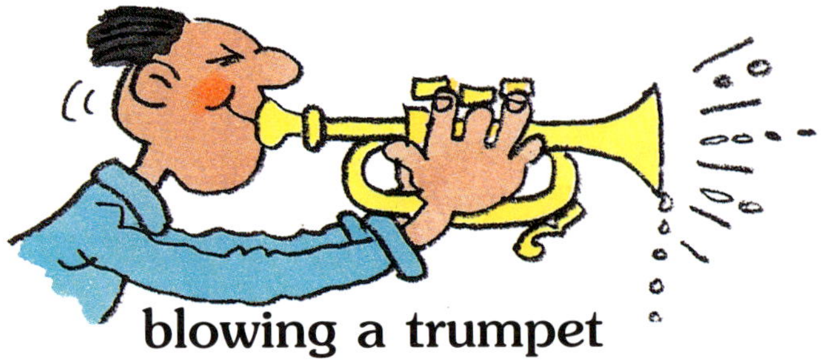

blowing a trumpet
soplando en una trompeta

marching
marcando el paso
falling over
cayerse
sitting down
sentarse
a singer singing
un cantante cantando
a reader reading
un lector leyendo
listening to the radio
escuchando el aradio
crying
llorando
crawling
gateando
saluting
saludando
catching
cogiendo
sweeping
barriendo
knitting
calcetando
finding
encontrando
jumping
saltando
combing your hair
peinando el pelo
cutting the grass
cortando la yerba

Builders and Buildings
Los Obreros y las Obras

block of flats
el bloque de pisos

theatre
el teatro

crane
la grúa

building site
el solar en obras

bricks
los ladrillos

dump truck
el coche de basuras

safety helmet
el casco

bulldozer
el buldózer

cement mixer
el mezclador de cemento

scaffolding
el andamio

factory
la fabrica

snack bar
el quiosco

houses
las casas

multi-storey car park
el aparcamiento multi-storey

cottage
la casa de campo

tennis court
la pista de tenis

power station
la central energética

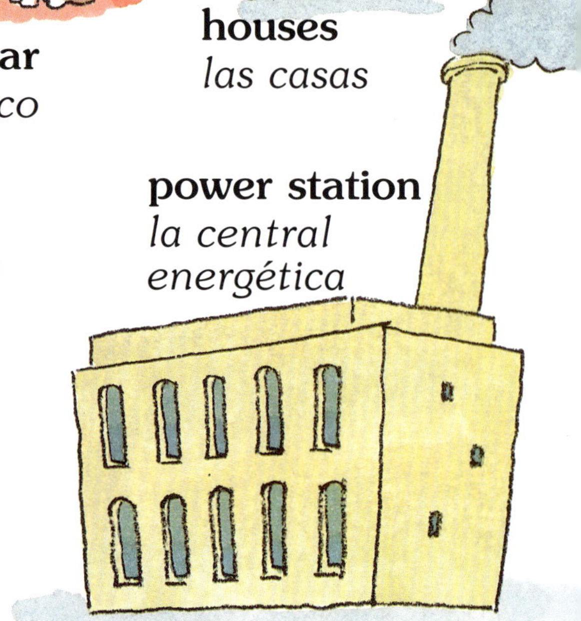

office block
el bloque de oficinas

hospital
el hospital

stately home
la mansion

church
la iglesia

synagogue
el sinagoga

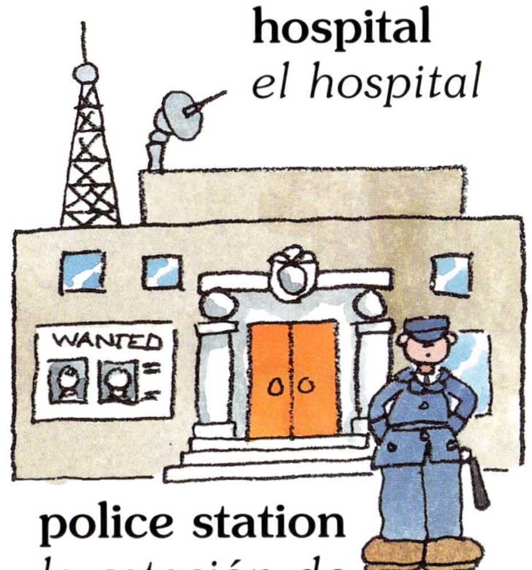

police station
la estación de policía

pub
la taverna

cinema
el cine

hotel
el hotel

school
la escuela

playground
el campo de recreo

restaurant
el restaurante

mosque
el mosquee

On the Water / *Sobre el Agua*

oil tanker
el petrolero

houseboat
el barco casa

stern
la popa

bow
el arco

cruise liner
el barco de cruce

buoy
la boya

hydrofoil
la hidra folio

paddle-steamer
el barco de vapor

ferryboat
el ferry

tugboat
el barco de remolque

hovercraft
el aerodeslizador

submarine
el submarino

sail
el velo

yacht
el yate

In the Garage / *En el Garaje*

car transporter
el transportador de coches

spanner
la llave

foot-pump
la bomba de pie

windscreen wipers
los limpiaparabrisas

wing mirror
el retrovisor

headlights
los faros

bumper
el parachoques

tyre
el neumático

boot
el cofre

exhaust pipe
el tubo de escape

carwash
la lava coches

trailer
el remolque

mechanic
el mecánico

tyre lever
el saca neumáticos

jack
el gato

oil leak
el escape de aceite

battery
la batería

At the Railway Station / *En la Estación del Tren*

carriage
la carroza

engine
la locomotiva

guard
el guardia

train
el tren

platform
el anden

ticket office
el despacho de billetes

passengers
los pasajeros

underground railway
el metro

goods wagons
los vagones de mercancía

ticket collector
el controlador

engine driver
el conductor

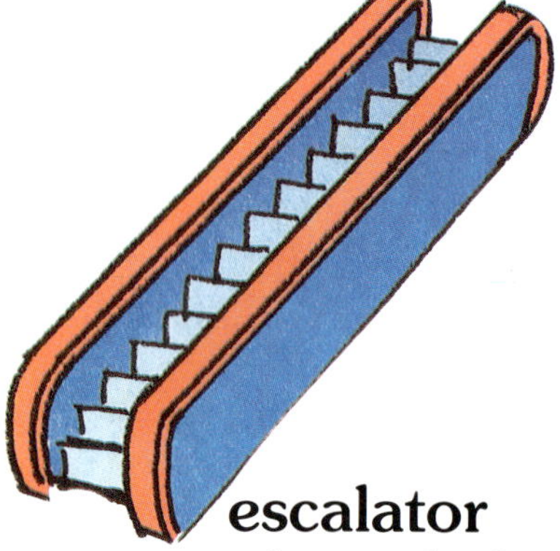

escalator
el escalador

At the Airport / *En el Aeropuerto*

jumbo jet
el avion jumbo

tail
la cola

wing
la ala

helicopter
el helicóptero

control tower
la torre de controles

seaplane
el hidroavión

runway
la pista

glider
el planeador

taking off
el despego

landing
el aterrizo

light aircraft
el avión pequeño

fuel tanker
el camión cisterna

wind-sock
el indicador de viento

At the Seaside / *En la Playa*

crab
el cangrejo

flippers
las aletas

swimsuit
el bañador

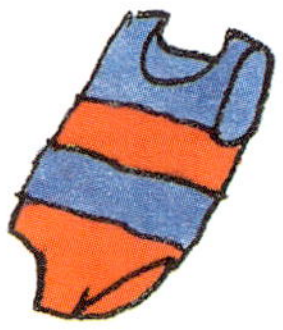

parasol
el parasol

deckchair
la silla de playa

boatman
el barquero

lighthouse
el faro

seaweed
la alga

starfish
la estrella de mar

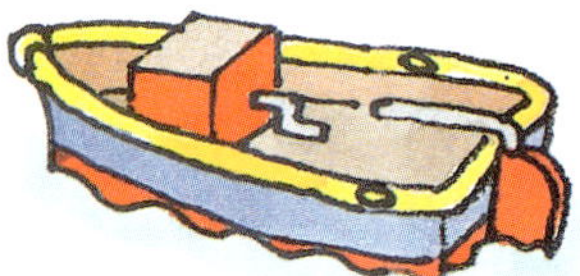

motor-boat
el barco de motor

windsurfer
el practicador de windsurf

sandcastle
el castillo de arena

inflatable boat
el barco que se infla

seagull
la golondrina

anchor
la ancla

fishing boat
el barco de pesca

paddle
la pala

waves
las olas

beach
la playa

snorkel
el tubo de respiración

pool
la poza

seashells
las conchas

sunhat
el sombrero

sea-wall
la pared de mar

jellyfish
la medusa

water-skiing
el practicador de esquí acuático

surfboard
la plancha de surf

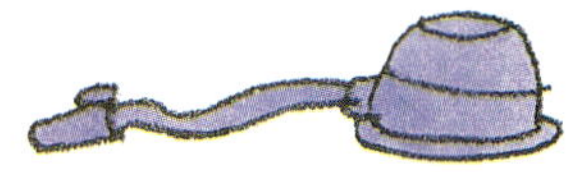

pump
la bomba

flag
la bandera

All about Plants / *Todo sobre la Naturaleza*

garden flowers
flores del jardin

daffodil
el narciso

rose
la rosa

pansy
el pensamiento

seeds
las semillas

wild flowers
flores salvajes

daisy
la margarita

dandelion
el diente de león

poppy
la amapola

bulbs
las cebollas

food for us
algunos alimentos para nosotros

vegetables
las legumbres

carrots
las zanhorias

beans
las habas

onions
las cebollas

lettuce
la lechuga

potatoes
las patatas

tomatoes
los tomates

cereals
los cereales

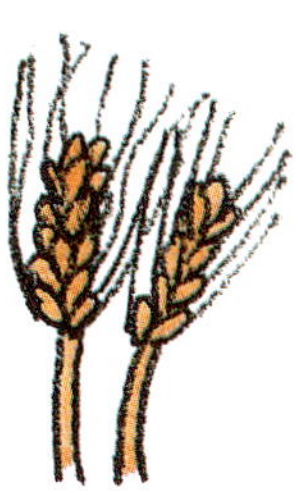

wheat
el trigo

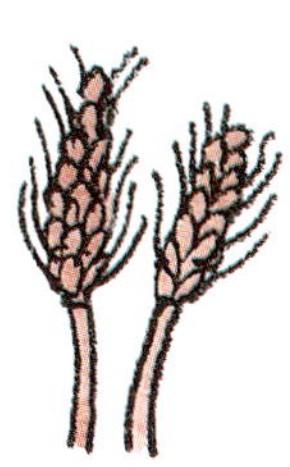

rye
la cebada

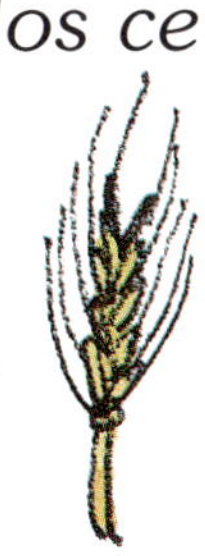

barley
el fréjol

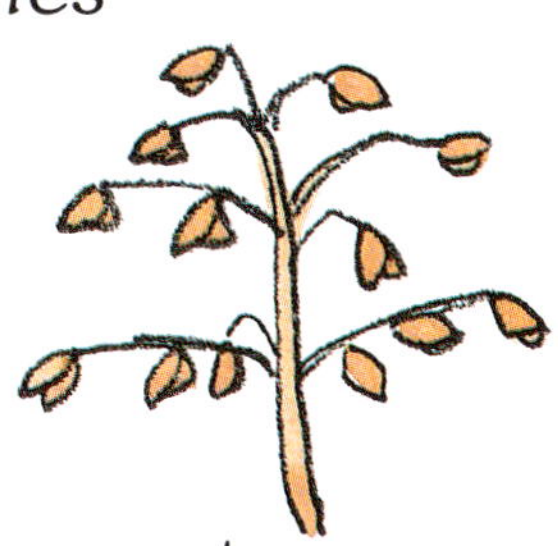

oats
la avena

rice
el arroz

herbs
las hierbas

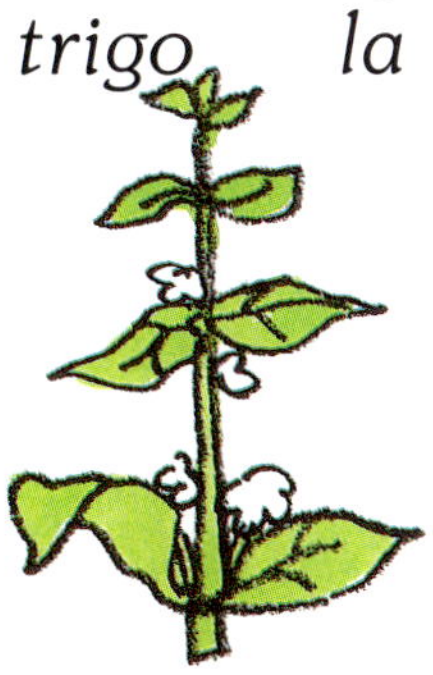

rosemary
el romero

parsley
el perejil

sage
la salvia

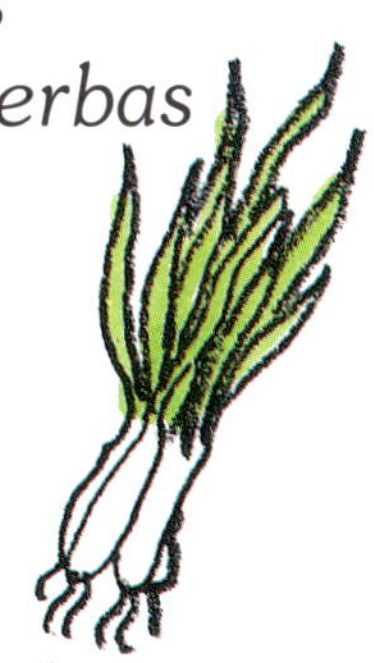

chives
los cebollinos

Colours and Numbers / *Los Colores y los Numeros*

a white whale
una ballena blanca

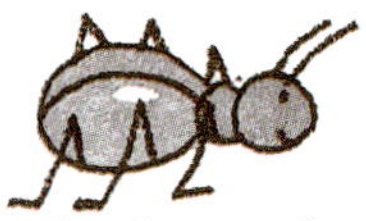

a black beetle
un escarabajo negro

a red rose
una rosa roja

a blue box
una caja azul

a green grasshopper
un saltamontes verde

a brown button
un botón marrón

an orange orange
una naranja naranja

a yellow yo-yo
un yo yo amarillo

a pink piglet
un cerdito rosa

a gold goldfish
un pez de colores dorado

a silver slipper
una zapatilla de plata

a purple parachute
un paracaídas lila

1 one whale
1 una ballena

2 two beetles
2 dos escarabajos

3 three roses
3 tres rosas

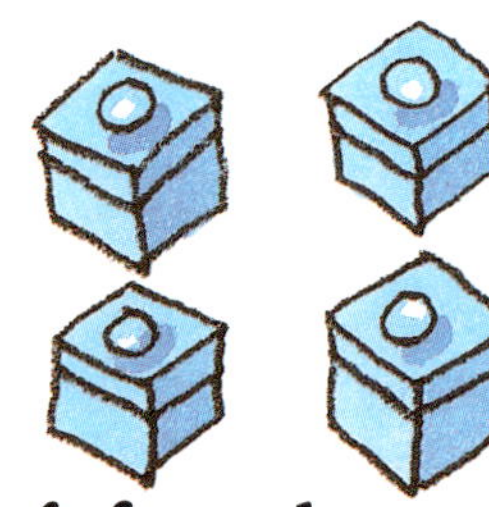

4 four boxes
4 cuatro cajas

5 five yo-yos
5 cinco yo-yos

6 six piglets
6 seis cerditos

7 seven grasshoppers
7 siete saltamontes

8 eight buttons
8 ocho botones

9 nine goldfish
9 nueve pescados de color dorado

10 ten slippers
10 diez zapatillas

11 eleven parachutes
11 onze paracaídas

12 twelve oranges
12 doce naranjas

Shapes and Comparisons / *Las Formas y las Comparaciones*

a square
un cuadrado

a circle
un circo

a cube
un cubo

a cone
un cono

a triangle
un triangulo

a star
una estrella

a straight line
una línea recta

a curved line
una linea curvada

a crescent
un crecente

a corner
una esquina

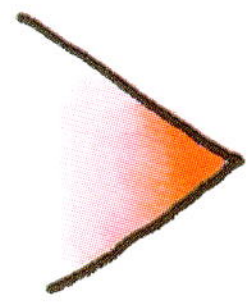

a point
una punta

a toad
un sapo

a bigger toad
un sapo más grande

the biggest toad
el sapo más grande

a long tail
una cola grande

a longer tail
una cola más grande

the longest tail
la cola más grande

little
poco

less
menos

the least
lo menos

some
algunos

more
más

the most
lo más

a few sweets
algunos caramelos

fewer sweets
menos caramelos

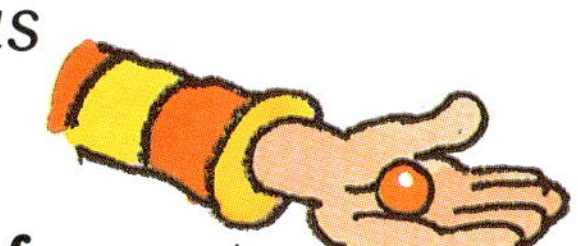

the fewest sweets
los menos caramelos

a giraffe
una jirafa

a taller giraffe
una jirafa más alta

the tallest giraffe
la jirafa más alta

Where are they? / *¿Donde estan?*

Words in this Book / *Palabras en este Libro*